Crédits

Textes : Marie-Josée Cardinal

Illustrations : Doris Barrette

Pictogrammes : Benoît Marion et Claude Paquette

Graphisme : Labelle & fille

Coordination : Danielle Marcotte

Photographies :

Musée McCord d'histoire canadienne,
Archives photographiques Notman
Pages 3, 6, 9, 10, 13, 19, 22, 26, 28, 30, 35, 37, 38, 39, 45.

Expos Montréal
Club de Baseball Montréal Inc. Page 16.

Société de transport de la communauté urbaine de Montréal
(STCUM) Pages 25, 32.

L'Internationale Benson & Hedges Inc. Page 32.

Propriétés Trizec Ltée. Pages 41, 42.

Le Cosmodôme. Page 46.

2ᵉ édition
La première édition de cet ouvrage a été publiée en 1995
Diffusion au Canada :
Diffusion Dimedia Inc.
539, boulevard Lebeau
Ville Saint-Laurent
(Québec) Canada
H4N 1S2
Téléphone : (514) 336-3941
Télécopieur : (514) 331-3916

Données de catalogage avant publication (Canada)

Cardinal, Marie-Josée

Montréal d'est en ouest

Comprend un index,
Pour enfants

ISBN 2-921620-98-7

1. Montréal (Québec) - Ouvrages pour la jeunesse.
2. Montréal (Québec) - Histoire - Ouvrages pour la jeunesse.
I. Barrette, Doris. II. Titre.
FC2947.33.C37   1994   971.4' 28' 0222   C94-941527-8
F1054.5.M8C37   1994

Montréal

d'est en ouest

TEXTES DE MARIE-JOSÉE CARDINAL ◆ ILLUSTRATIONS DE DORIS BARRETTE

Les 400 coups

Illustration de Montréal en 1852

R e m e r c i e m e n t s

L'auteure a reçu une subvention du programme Explorations pour écrire ce livre et remercie le Conseil des Arts du Canada.

L'illustratrice tient pour sa part à témoigner sa reconnaissance aux responsables des organismes suivants pour leur collaboration : l'Agence spatiale canadienne, le Musée McCord d'histoire canadienne, le Musée ferroviaire canadien, le Centre d'histoire de Montréal, le service des archives de la STCUM, l'hôtel Ritz Carlton, le magasin Ogilvy, la Société historique de Saint-Henri, l'archevêché de Montréal, le port de Montréal, l'Hôtel de ville d'Outremont, le Service des travaux publics de la ville de Montréal, le Service de la documentation et de l'information scientifique et la Photothèque du ministère des Transports, les Services d'entretien McGill, l'Armée du Salut, la famille Quilicot, la brasserie Molson, la Bibliothèque nationale et le Service des bibliothèques de la ville de Montréal.

Un gros merci à Claude, et aussi à mesdames Julie Paquin, Fernande Mathieu, Catherine Stasse, Linda Théroux et messieurs Paul-André Linteau et Jean Lafontaine pour leurs lectures éclairées et leurs précieux conseils et commentaires.

En pénétrant dans l'embouchure du Saint-Laurent après avoir traversé l'océan Atlantique, Jacques Cartier est le premier Européen à s'aventurer aussi loin dans l'inconnu. Poussé par la curiosité, il remonte le fleuve et navigue à contre-courant en compagnie des baleines et des bancs de poissons. Le 2 octobre 1535, il atteint une grande île dans laquelle est établie la bourgade iroquoise d'Hochelaga.

Aguyaze! Aguyaze! Les premiers habitants de l'Amérique accueillent le marin français et son équipage par leur cri de bienvenue. On allume des feux et tous fêtent cette rencontre par des chants et des danses qui durent toute la nuit. Le lendemain, Jacques Cartier revêt son costume d'apparat et, guidé par les Hochelagans, gravit la montagne qu'il nomme mont Royal en l'honneur du roi de France.

Ni les Français ni les Amérindiens ne pouvaient alors imaginer que cette rencontre au sommet allait changer le cours de l'histoire et que sur le site d'Hochelaga s'élèverait un jour la plus grande ville francophone d'Amérique. Toi, tu sais aujourd'hui que cette ville s'appelle Montréal. En suivant la voie tracée par Jacques Cartier, lance-toi à ton tour dans l'aventure de la découverte, remonte le passé et pars explorer la ville quartier par quartier, d'est en ouest.

L'île de Montréal

As-tu déjà entendu les noms de Champlain, Mercier, Victoria, Louis-Hippolyte LaFontaine, Pie IX, Louis Bisson, Charles de Gaulle? Ce sont tous des grands personnages qui ont marqué l'histoire. Mais si tu es un vrai Montréalais, tu auras reconnu le nom des ponts qui relient Montréal à la terre ferme. Eh oui! l'ancien site d'Hochelaga est entouré d'eau. Avant d'être une ville, Montréal est une île; la plus grande île du Saint-Laurent.

Pour entrer à Montréal, il te faut donc tout d'abord choisir un pont. Emprunte le pont Jacques-Cartier. Avec sa charpente de métal, c'est le plus impressionnant. Tu peux même le traverser à pied et prendre le temps de contempler le fleuve. Toute cette eau qui coule sous le pont prend sa source dans les Grands Lacs et va se déverser à des milliers de kilomètres plus loin dans l'océan Atlantique. Pour les premiers Canadiens, qui circulaient en barque ou en canot, le Saint-Laurent était en quelque sorte une longue autoroute qui les menait jusqu'à Montréal.

D'un bout à l'autre, le pont Jacques-Cartier a une longueur de plus de trois kilomètres. C'est une bonne marche. Mais ne te décourage pas. Amuse-toi à regarder tourner les manèges de La Ronde en passant au-dessus de l'île Sainte-Hélène, la petite voisine de Montréal. Comme tu peux le voir, Montréal ne flotte pas toute seule au milieu du Saint-Laurent. Avec l'île Jésus, l'île Bizard, l'île Perrot et plusieurs autres plus petites, elle fait partie d'un groupe d'îles appelé archipel d'Hochelaga. On a ainsi conservé le nom de l'ancienne bourgade iroquoise.

En 1859, des ouvriers travaillent à la construction du premier pont sur le Saint-Laurent : le pont Victoria.

Encore quelques pas et te voilà à Montréal. Dès qu'on pénètre dans la ville, on oublie qu'elle est bâtie sur une île. C'est que l'île de Montréal est vaste. D'est en ouest, elle s'étend sur plus de 50 kilomètres. Pour en faire le tour et découvrir les autres cours d'eau qui la bordent, le lac des Deux Montagnes, le lac Saint-Louis et la rivière des Prairies, il te faudrait marcher toute une journée et toute une nuit sans jamais t'arrêter. Mais c'est beaucoup plus agréable d'attendre le mois de juin pour faire le tour de l'île en vélo avec tous les Montréalais.

Les Amérindiens appelaient le fleuve le «chemin qui marche». Jacques Cartier lui a donné le nom de Saint-Laurent, car il a découvert l'embouchure du fleuve le 10 août 1534, jour de la fête de saint Laurent.

Au début du 19ᵉ siècle, les Montréalais traversaient le Saint-Laurent sur des bateaux munis d'une roue à aubes actionnée par quatre chevaux. Pendant l'hiver, ils franchissaient le fleuve gelé en traîneau entre deux rangées de sapins piqués dans la glace.

Le pont Jacques-Cartier relie l'île de Montréal à la rive sud du fleuve. Ouvert à la circulation en 1930, il s'appelait alors pont du Havre. Il a été baptisé Jacques-Cartier en 1934, l'année du 400e anniversaire du premier voyage de Cartier au Canada.

Ville-Marie

Arrête-toi devant le monument de la place d'Armes. Ils sont tous là; tous les fondateurs de Montréal. Approche-toi... Plus près. Regarde bien! L'histoire commence en France au 17e siècle.

Sur un des bas-reliefs, tu aperçois Jerôme Le Royer de la Dauversière et Jean-Jacques Olier entourés d'amis influents. On peut presque les entendre discuter tellement ils sont passionnés. Leur projet? Fonder une société nouvelle dans l'île de Montréal, où les Français et les Amérindiens vivraient en harmonie.

Il faut un chef courageux prêt à se lancer dans l'aventure. Paul de Chomedey, sieur de Maisonneuve, est l'homme de la situation. Quant à Jeanne Mance, personne ne pourrait l'empêcher d'embarquer pour le Canada. Elle en rêvait déjà à douze ans! Avec cinquante compagnons, ils quittent la France et font voile vers le Canada.

Le 17 mai 1642, Maisonneuve met pied à terre sur l'île de Montréal. Le père Vimont célèbre la première messe. Les cantiques résonnent, tandis que le soir tombe sur les forêts de la Nouvelle-France. Nos héros doivent passer leur première nuit sous la tente. Mais Montréal, qu'on appelle aussi Ville-Marie, est fondé!

Les Hurons et les Algonquins s'allient avec les nouveaux arrivants. Mais les Iroquois, la plus puissante des nations indiennes, combattent l'envahisseur blanc. Un jour du printemps 1644, la chienne Pilote donne l'alerte. Les Indiens attaquent! Les Français ripostent et Maisonneuve tue le chef iroquois. Ce combat avive les hostilités.

UN IROQUOIS

La colonie est en péril. Il faut des renforts...

Voici Lambert Closse, l'ami des braves et le fléau des poltrons. Il assure la défense de Montréal, tandis que Charles Le Moyne, spécialiste des langues indiennes, négocie une trêve avec les Iroquois. Les Montréalistes, comme on les appelle à l'époque, reprennent le travail. Jeanne Mance ouvre son hôpital. Les colons bûchent, labourent, sèment.

LAMBERT CLOSSE ET PILOTE

Au printemps 1660, trois cents Iroquois font irruption sur la rivière Outaouais. Ce n'est que l'avant-garde d'une armée de guerriers prête à fondre sur la colonie. Le jeune officier téméraire Adam Dollard des Ormeaux et ses seize compagnons parviennent à leur tenir tête pendant plusieurs jours avant de tomber sous le nombre. Cette âpre bataille détourne les Iroquois de leur projet d'attaquer la colonie.

CHARLES LE MOYNE

Les tensions durent encore plusieurs années entre Iroquois et Français. Toutefois, au mois d'août 1701, plus de mille ambassadeurs indiens se présentent à Ville-Marie. De part et d'autre, on veut la paix. Le gouverneur de la Nouvelle-France, Hector de Callières, signe le traité qu'on a appelé la paix de Montréal. Chaque chef amérindien dessine son totem au bas du parchemin. Le calumet de paix remplace la hache de guerre.

C'est sur le site de la place d'Armes,
photographiée ici à la fin du siècle
dernier, qu'a eu lieu la première
bataille entre les
Iroquois et les colons
de Ville-Marie.
Le monument, érigé
en 1895, est l'œuvre
du sculpteur Philippe Hébert.
Ses statues et ses
bas-reliefs illustrent
toute l'histoire que tu viens de lire.

JEANNE MANCE

Le Vieux-Montréal

Imagine que tu vis à Montréal au 18e siècle. À cette époque, la France et l'Angleterre sont en guerre. Plusieurs batailles se livrent sur le continent américain. Pour se protéger des attaques des Anglais, le gouverneur de Montréal, Claude de Ramezay, a chargé l'ingénieur Gaspard Chaussegros de Léry de construire des fortifications de pierre. Chaque fois que tu veux entrer dans la cité, tu dois traverser des fossés profonds remplis d'eau et passer par l'une des sept portes de la haute muraille flanquée de treize bastions.

Dans l'enceinte de la ville, tu es en sécurité. Il y a tant de choses à faire. Donner un coup de main à la boutique de tes parents. Sarcler le potager. Aller chercher l'eau à la fontaine ou au puits. Ferrer le cheval chez le forgeron. Écouter les annonces officielles criées au son du tambour sur la place publique. Faire les courses, rue Saint-Paul. Attention de ne rien oublier! Et il faut encore nettoyer les déchets entassés dans la rue, car il n'y a ni trottoirs, ni égouts, ni éboueurs. Ouf!

Déjà neuf heures du soir! C'est le couvre-feu. Le guet demande à tous les habitants de rentrer chez eux. Les portes de la ville sont fermées. Tu peux dormir en paix...

Mais au petit matin, des bateaux remontent le fleuve. Leur pavillon est britannique! La ville est cernée par trois armées de dix-huit mille hommes avec leur puissante artillerie. Les Montréalais n'attendent aucun secours. Il n'y a plus qu'à se rendre... Le 8 septembre 1760, le général Jeffrey Amherst, commandant en chef des armées anglaises, franchit les fortifications. Le gouverneur de la Nouvelle-France, Pierre de Rigaud de Vaudreuil, signe la capitulation de Montréal. Les Canadiens deviennent sujets du roi d'Angleterre. C'est ce qu'on a appelé la Conquête.

Devenus inutiles, les remparts de pierre ont été rasés au début du 19e siècle. L'ancienne cité fortifiée est aujourd'hui un quartier historique qu'on appelle le Vieux-Montréal. Les maisons construites à l'époque de la Nouvelle-France ont été abattues ou détruites par les incendies, mais des lois protègent les édifices qui les ont remplacées et interdisent leur démolition. En te promenant dans les rues étroites du Vieux-Montréal, tu peux mieux imaginer la vie des premiers Montréalais.

Le séminaire de Saint-Sulpice est le plus ancien bâtiment de Montréal.
Au 18e siècle, peu de personnes portaient une montre, car c'était un objet très luxueux. Pour connaître l'heure, les Montréalais se fiaient à l'horloge du séminaire. À cette époque, le mouvement de l'horloge était entièrement en bois et la légende raconte qu'il ne s'est arrêté qu'une seule fois.

Au Centre d'histoire de Montréal, situé dans l'ancienne caserne de pompiers de la place d'Youville, tu peux découvrir la vie des Montréalais de 1642 à nos jours.

Le gouverneur de Montréal, Claude de Ramezay, habitait avec ses seize enfants une vaste demeure digne de ses fonctions. Aujourd'hui, le château Ramezay abrite un musée que tu peux visiter.

Si tu empruntes la rue Saint-Gabriel, remarque l'enseigne du Vieux Saint-Gabriel, qui serait la plus vieille auberge du pays.

Au 18e siècle, les toits de plusieurs maisons étaient recouverts de fer-blanc. Dès qu'il faisait soleil, ces toitures se mettaient à briller et à étinceler. C'est pourquoi on a surnommé Montréal «la cité d'argent».

Des archéologues ont creusé le sol du Vieux-Montréal pour mettre au jour des vestiges des fortifications qui entouraient la ville avant la Conquête. Tu peux les voir en allant te promener sur le Champ-de-Mars.

Tu peux examiner, au musée Pointe-à-Callières, des vases amérindiens, des pointes de projectile, des balles de mousquet, de la vaisselle en terre cuite et beaucoup d'autres objets qui ont appartenu aux premiers habitants de Montréal. As-tu déjà pensé que les objets dont tu te sers aujourd'hui pourraient se retrouver dans un musée de l'an 3000?

La cité administrative

Du temps de la Nouvelle-France, les Montréalais ne pouvaient ni participer à l'organisation de leur ville ni faire connaître leur opinion. Le gouverneur, représentant du roi de France, dirigeait alors la colonie et détenait tous les pouvoirs. Mais aujourd'hui, le système politique de Montréal est démocratique. Les dirigeants de la ville sont élus par l'ensemble des citoyens.

Tous les quatre ans, les candidats des différents partis politiques se présentent devant les Montréalais pour exposer leurs idées et leur programme. Le premier dimanche de novembre, c'est jour d'élections municipales. Dans chaque quartier, les électeurs votent pour le conseiller qui va les représenter à l'hôtel de ville. Le maire, lui, est élu au suffrage universel, c'est-à-dire par tous les citoyens âgés de dix-huit ans et plus. Jean Drapeau détient le record du maire le plus réélu. Il a dirigé Montréal pendant plus de trente ans.

Le maire est le principal personnage de la ville. Mais il ne gouverne pas seul. Les conseillers choisissent parmi eux ceux qui vont assister le maire dans sa tâche. Ils forment le comité exécutif qui administre les affaires de la ville et prépare les règlements avant de les soumettre au conseil municipal. C'est ainsi qu'on appelle l'assemblée de tous les représentants élus qui siègent à l'hôtel de ville. Seul le conseil municipal a le pouvoir d'adopter les règlements pour assurer l'ordre et le bien-être des citoyens. Les séances du conseil sont publiques et tous les Montréalais peuvent y assister.

Dans les bureaux de la cité administrative, des milliers de fonctionnaires sont au service de tous les Montréalais.

C'est Jacques Viger, le premier maire de Montréal, qui a adopté la devise latine **Concordia Salus,** *qui signifie la prospérité dans l'harmonie, et les armoiries de la ville. L'écu représente le lys de la France, la rose de l'Angleterre, le chardon de l'Écosse et le trèfle de l'Irlande. Jean Drapeau a remplacé les armoiries par un logo moderne qui a la forme d'une fleur, dont chaque pétale dessine un cœur composé des lettres V et M.*

LE PREMIER CORPS DE POLICE, CRÉÉ EN 1818, NE comptait que vingt-quatre hommes. La nuit, ils patrouillaient dans les rues, un fanal à la ceinture, et annonçaient les heures par le cri «*All is well*», c'est-à-dire, en français, «tout va bien».

AUJOURD'HUI, LE SERVICE DE PRÉVENTION DES INCENDIES assure la sécurité des Montréalais contre le feu. Mais autrefois, dès le premier coup de tocsin, tous les habitants couraient sur les lieux de l'incendie un seau à la main. Ils puisaient l'eau dans le fleuve et ils faisaient la chaîne pour l'acheminer jusqu'au feu.

LES PREMIERS MONTRÉALAIS BUVAIENT DIRECTEMENT l'eau du Saint-Laurent, que les porteurs d'eau transportaient dans des barils de maison en maison. À cause de la pollution, l'eau du fleuve doit maintenant être traitée et filtrée. Plus de 1 136 000 m³ d'eau sont traités chaque jour à l'usine Charles J.-Des Baillets.

LA BIBLIOTHÈQUE CENTRALE DE MONTRÉAL A UNE SECTION entièrement réservée aux enfants. Tu peux sans doute aussi trouver le livre que tu as entre les mains à la bibliothèque municipale de ton quartier.

LA VILLE S'OCCUPE ÉGALEMENT DES LOISIRS DES Montréalais. Elle aménage des centres sportifs, des parcs, des patinoires, des terrains de jeux et des pistes cyclables de plus en plus longues.

ON DIRAIT QUE MONTRÉAL COLLECTIONNE LES lampadaires tellement il y en a de toutes les formes. Depuis le début du 20e siècle, ils sont tous électriques. Mais au siècle dernier, les rues étaient éclairées au gaz. Un allumeur de réverbères devait alors parcourir les rues et allumer un à un les becs de gaz.

AS-TU DÉJÀ SONGÉ QUE SANS RÉSEAU D'ÉGOUT ET SANS service d'enlèvement des ordures, Montréal serait un véritable dépotoir à ciel ouvert? Pourtant, pendant longtemps, il n'y a eu ni l'un ni l'autre. Certains résidents déversaient même leurs déchets directement dans la rue. La ville était alors insalubre et les épidémies faisaient beaucoup de victimes.

LA VILLE DE MONTRÉAL N'EST JAMAIS AUSSI SILENCIEUSE qu'après une bonne tempête de neige. Mais pas longtemps. Aussitôt tombée, la neige est balayée, avalée par les souffleuses des déneigeurs de la ville, chargée à bord de centaines de camions et déversée dans les sites d'élimination, tandis que des tonnes d'abrasifs, de sable, de pierre concassée sont épandus dans les rues et sur les trottoirs. Et dire qu'il faudra tout recommencer dès la prochaine tempête!

L'hôtel de ville est le cœur de la cité administrative. C'est là que se tiennent les séances du Conseil. L'édifice sur la photo ci-dessous (1896) a été détruit par un incendie en 1922. On l'a reconstruit quelques années plus tard.

Le Faubourg à m'lasse

Ho! Hisse! Levez l'ancre! Larguez les amarres! Nous partons en croisière dans le temps.

Première escale: 1742 au Pied-du-Courant. À cet endroit, entre l'île Sainte-Hélène et l'île de Montréal, le fleuve Saint-Laurent se rétrécit et forme un courant très fort. Mille sabords! Le vent est tombé et notre goélette est incapable de remonter le courant Sainte-Marie. Baissez les voiles, moussaillons, et laissons les bœufs remorquer notre embarcation sur la grève boueuse.

Poursuivons plutôt notre voyage sur ce vapeur tout neuf construit en 1809 au chantier de John Molson. Le Pied-du-Courant grouille d'activité. L'odeur de la bière qui fermente s'échappe de la brasserie. Les puissants bateaux à vapeur franchissent maintenant sans problème le courant impétueux et se délestent de leurs barils de mélasse sur le quai de bois. Activons la besogne! Nous devons naviguer jusqu'aux Grands Lacs, grâce au nouveau canal de Lachine qui permet de contourner les rapides.

As-tu vu ce luxueux paquebot aux cheminées rouge, blanche et noire qui prend la mer avec mille passagers? Tout le monde sur le pont! À bâbord, tu peux voir le blé qui s'écoule dans les immenses silos en béton. En 1942, Montréal est le plus grand port de céréales en Amérique du Nord. Des marins parlant toutes les langues se promènent sur les jetées de pierres qui ont remplacé les quais de bois. Les débardeurs entassent balles de coton, sacs d'épices et poches de cacahuètes dans de vastes hangars. Bien qu'on ait construit d'imposants réservoirs

En te promenant le long de la voie maritime, tu peux apercevoir Hercule, une grue flottante dont la force de levage est de deux cent cinquante tonnes métriques. La grue la plus puissante du port de Montréal peut lever six cents tonnes métriques. C'est ce que pèsent soixante-dix autobus scolaires remplis d'enfants.

pour entreposer l'épais sirop brun des Antilles, tu peux encore sentir le parfum sucré de la mélasse. C'est pourquoi on surnomme le quartier du Pied-du-Courant le Faubourg à m'lasse.

Voilà que soixante-quinze bateaux pavoisés remontent le fleuve. Embarque à bord du brise-glace *D'Iberville* qui a pris la tête du cortège. Les sirènes retentissent. Nous sommes le 26 avril 1959. C'est l'inauguration de la voie maritime du Saint-Laurent. Observe les manœuvres des écluses qui élèvent les lourds océaniques jusqu'à quatre mètres et demi. Cette autoroute maritime permet aux gros bateaux de remonter sans encombre le Saint-Laurent, de l'Atlantique jusqu'aux ports américains des Grands Lacs.

Aujourd'hui, les navires transportent leurs marchandises dans de grosses caisses métalliques qu'on appelle conteneurs. Sitôt débarqués, les conteneurs sont chargés sur les camions de livraison.

Dernière escale: le plus grand port intérieur du monde. À l'aube du 21e siècle, le port de Montréal s'étend d'un bout à l'autre de l'île. Douze mois par année, des grues hautes comme des maisons chargent et déchargent des cargos, des pétroliers et des transatlantiques venus des mers du monde. Céréales, métaux, produits chimiques, meubles, vêtements, café, épices, fruits et légumes exotiques... des milliers de conteneurs s'empilent sur les quais. Certains sont toujours remplis de mélasse.

Dans le Vieux-Port, la majorité des silos à grains ont été démolis pour faire place à un grand parc. Tu peux te balader en quadricycle, aller en pédalo dans les bassins, visiter la tour de l'Horloge et même participer à une croisière sur le fleuve.

L'Accommodation construit par le brasseur John Molson en 1809, a été le premier bateau à vapeur à naviguer sur le Saint-Laurent.

Le Parc olympique

Dans une grande ville, il y a beaucoup de rêveurs. Et il y a beaucoup d'espace pour rêver. Étonnamment, plusieurs rêveurs montréalais ont vu leur rêve se réaliser au même endroit. Tout commence avec Marius et Oscar Dufresne. Il y a près de cent ans, ces deux frères rêvèrent d'une cité modèle que tout le monde admirerait. Ils imaginèrent un large boulevard bordé d'arbres, un hôtel de ville avec de lourdes portes en bronze, un marché orné d'une fontaine monumentale et, surtout, ils rêvèrent d'un parc qui s'étendrait à perte de vue. Comme ils étaient des hommes puissants, ils ont réussi à concrétiser leurs rêves de grandeur. Aujourd'hui, la cité de Marius et d'Oscar est devenue un quartier de Montréal: le quartier Maisonneuve. En t'y promenant, tu peux contempler les édifices somptueux que les frères Dufresne ont construits et même visiter leur ancienne résidence, le château Dufresne.

Un autre grand rêveur montréalais a été le frère Marie-Victorin. Sais-tu à quoi rêvait ce savant? À un magnifique jardin où tous les citoyens pourraient découvrir les arbres, les plantes et les fleurs de la terre. Marie-Victorin croyait tellement en son rêve qu'il a convaincu les dirigeants de la ville de le réaliser. Créé en 1931, le Jardin botanique de Montréal est l'un des plus beaux du monde avec ses serres tropicales, ses cactus, ses cultures de bonsaïs japonais et de penjings chinois, ses collections d'orchidées et ses jardins d'été remplis de fleurs et d'oiseaux.

Poursuivant l'œuvre de Marie-Victorin, Pierre Bourque a fait à son tour un rêve merveilleux. Cet amoureux de la nature a imaginé un musée vivant qui ferait voir la beauté de la planète et sa fragilité. Des biologistes, des agronomes, des architectes-paysagistes et des ingénieurs ont partagé son rêve et, en 1992, le Biodôme est devenu réalité. Dans cette maison de la vie, tu peux observer les lynx de la forêt laurentienne qui entoure Montréal, contempler les poissons et les oiseaux du Saint-Laurent, te balader avec les ouistitis dans la forêt tropicale et regarder parader les manchots de l'Antarctique.

L'Insectarium, où tu peux apprivoiser le monde étrange et fascinant des papillons, des scarabées et des tarentules, est né du rêve de Georges Brossard. Ce passionné d'entomologie a fait don de sa fabuleuse collection d'insectes, afin de partager ses découvertes avec tous les Montréalais.

Tout l'été, les amateurs de baseball se rassemblent au Stade olympique pour voir jouer les Expos de Montréal.

Le rêve le plus ambitieux, mais aussi le plus coûteux, revient au célèbre maire Jean Drapeau: doter Montréal d'un gigantesque centre sportif avec un stade colossal pour accueillir les Jeux olympiques de 1976. En suivant les plans de l'architecte français Roger Taillibert, on a alors érigé le fameux Stade olympique à l'allure d'un vaisseau spatial, que les anglophones surnomment *Big O*. La tour du stade est la plus haute tour inclinée au monde. Tu peux y monter grâce à un funiculaire et, de là-haut, toi aussi tu peux rêver à un grand projet pour Montréal.

__Le château des frères Dufresne abrite aujourd'hui le musée des Arts décoratifs.__

Sault-au-Récollet

T'es-tu déjà demandé pourquoi plusieurs rues de Montréal portent des noms de saints, comme Saint-Laurent, Saint-Paul ou Saint-Joseph? C'est une façon de nous rappeler que les fondateurs de Montréal étaient des catholiques qui rêvaient de répandre leur foi à travers le monde. Dès son arrivée, Maisonneuve avait appelé la colonie Ville-Marie en hommage à la mère de Jésus.

En ce temps-là, la religion avait une grande importance et les prêtres de Montréal, les Sulpiciens, jouissaient de beaucoup de prestige et d'influence. Ils portaient des souliers à boucles et des chapeaux à larges bords, et roulaient dans de belles voitures vert et rouge tirées par des chevaux. Longtemps, les Sulpiciens ont été les seigneurs et les uniques propriétaires de l'île. Leur domaine étant immensément grand, ils en offraient des parcelles aux colons qui voulaient défricher et cultiver la terre.

Les Canadiens français pratiquaient la religion catholique avec beaucoup de ferveur. Pour rendre grâce à Dieu, ils ont construit des églises plus belles et plus hautes les unes que les autres. Autour de chaque église, les habitants se sont regroupés pour former des paroisses. Le curé, le chef de la paroisse, avait alors plus d'autorité que le

1. La chapelle Notre-Dame-de-Lourdes est aujourd'hui entourée par les édifices de l'Université du Québec à Montréal.

2. La cathédrale orthodoxe russe Saint-Nicolas.

3. La basilique Saint-Patrick est le centre religieux des catholiques de langue anglaise.

4. La basilique Notre-Dame fait partie de la première paroisse de Montréal. Sa tour ouest abrite une des plus grosses cloches d'Amérique du Nord, le gros bourdon Jean-Baptiste.

5. La cathédrale anglicane Christ Church est un temple protestant.

6. L'église Notre-Dame-de-Grâces.

7. L'oratoire Saint-Joseph est un lieu de pèlerinage fondé par le frère André. Les malades gravissaient les escaliers sur les genoux dans l'espoir d'une guérison miraculeuse.

maire. Peu de choses échappaient à son regard! En plus de célébrer la messe et d'administrer les sacrements, c'est lui qui enseignait le catéchisme, veillait à l'éducation, tenait les registres et assurait l'assistance sociale.

Un romancier américain, Mark Twain, a déjà écrit que Montréal était la seule ville où il était impossible de lancer un caillou sans briser un vitrail d'église. Bien sûr, c'est une image. C'est qu'en plus des églises catholiques il y avait de nombreux temples protestants érigés par la population anglo-saxonne. En fait, il y avait tellement d'églises, qu'on surnommait alors Montréal «la ville aux cent clochers».

Aujourd'hui, les Montréalais pratiquent la religion de leur choix et se rassemblent selon leurs croyances. Les membres des communautés ethniques conservent les rites religieux de leur pays d'origine. Ils revêtent parfois leur costume traditionnel pour célébrer leurs fêtes religieuses dans leur lieu de culte, au sein de leur propre paroisse.

Au tournant du siècle, des milliers de Montréalais se sont massés devant la basilique Notre-Dame pour célébrer la Fête-Dieu.

8. Au Sault-au-Récollet, au bord de la rivière des Prairies, tu peux visiter la plus ancienne église de l'île de Montréal: l'église de la Visitation. Les Récollets étaient des missionnaires, c'est-à-dire des prêtres qui accompagnaient les explorateurs dans le but d'enseigner la religion catholique aux Amérindiens. L'un d'eux, le père Nicolas Viel, s'est noyé avec son compagnon Ahuntsic dans les rapides de la rivière des Prairies. C'est depuis ce jour qu'on appelle cet endroit Sault-au-Récollet.

9. La cathédrale catholique Marie-Reine-du-Monde est une réplique réduite de la basilique Saint-Pierre de Rome, la plus célèbre église de la chrétienté.

10. La cathédrale orthodoxe ukrainienne Sainte-Sophie.

11. La petite chapelle du frère André est dédiée à saint Joseph.

12. Avec son clocher à l'allure d'un minaret, l'église Saint Michael the Archangel est d'inspiration byzantine.

Le Plateau Mont-Royal

La majorité des Québécois sont aujourd'hui des citadins. Montréal seul compte plus d'un million d'habitants. C'est au début du 20e siècle que la ville a grossi le plus rapidement. Beaucoup de familles sont alors arrivées de la campagne et se sont installées sur le Plateau Mont-Royal. La plus vieille résidente du quartier a aujourd'hui plus de cent ans, mais elle ne se fait jamais prier pour raconter son histoire.

Lorsqu'elle était petite — c'est ainsi qu'elle commence chaque fois son récit —, elle vivait à la campagne dans une grande maison de bois. Mais la ferme ne produisait plus assez pour faire vivre toute la famille. Le jour de ses sept ans, elle s'en souvient comme si c'était hier, son père a annoncé: «On déménage en ville!» À cette époque, des milliers de cultivateurs quittaient comme eux leur terre pour venir travailler dans les usines de Montréal.

En arrivant en ville, quelle surprise! Elle n'avait jamais vu des maisons comme ça. Des maisons de briques rouges toutes semblables et toutes serrées les unes contre les autres. Pour sauver du temps et de l'argent, les entrepreneurs fabriquaient en effet les fenêtres, les balcons et les corniches en série et alignaient le plus de maisons possible dans la même rue en les joignant par un mur mitoyen. On appelle ces habitations des triplex, car trois familles peuvent y vivre. Une par étage.

Ce qu'elle avait trouvé le plus drôle, c'était les escaliers extérieurs. Chaque maison avait le sien accroché à la façade. Il y en avait de tous les styles: des escaliers droits comme des échelles, d'autres en spirale ou en colimaçon, et même certains en forme de fer à cheval. Bing! Bang! Bading! Badang! Ça n'a pas été facile de monter les grosses armoires de

la campagne dans cet escalier tournant. Mais tant bien que mal, toute la famille s'est installée.

La vieille dame s'interrompt toujours là pour pousser un soupir. Les premières semaines, ne peut-elle manquer de se confier, elle avait été très malheureuse dans son logement étroit. Mais pas longtemps, s'empresse-t-elle d'ajouter. Tout s'est arrangé quand ses nouveaux voisins l'ont invitée à jouer dans la ruelle, puis au parc Lafontaine. Elle trouvait la

Personnages et rues du Plateau sont célèbres à travers le monde grâce aux romans de Michel Tremblay: *Les Chroniques du Plateau Mont-Royal.*

Le Plateau Mont-Royal est le quartier résidentiel de Montréal qui a la plus forte densité de population. Mais sais-tu pourquoi on l'appelle «Le Plateau»? C'est qu'il est situé là où le relief de l'île forme une grande terrasse, ou un plateau, qui s'étend de la rue Sherbrooke jusqu'au mont Royal.

vie si agréable dans son quartier, qu'elle a décidé d'y demeurer pour élever sa propre famille. Elle a maintenant cinq petits-enfants qui habitent tous sur le Plateau.

Et toi, si tu es né à Montréal, sais-tu depuis combien de générations ta famille est installée en ville? Tu pourrais interroger tes parents, tes grands-parents ou peut-être même tes arrière-grands-parents. Gages-tu qu'ils ont plus d'une histoire de déménagement à te raconter?

C'est le Montréalais Louis Quilicot qui a inventé le triporteur utilisé par les livreurs d'épicerie.

Le Quartier latin

Carpe diem. Sais-tu en quelle langue sont ces mots? C'est une locution latine. En français, cela veut dire «mets à profit le jour présent». Dans le passé, les étudiants comprenaient bien cette citation, car les professeurs donnaient tous leurs cours en latin. C'est pourquoi on a appelé «Quartier latin» les quartiers où se trouvaient les universités.

À Montréal, c'est rue Saint-Denis qu'on a construit la première université de langue française, à la fin du 19e siècle. La rue Saint-Denis était alors une artère très chic où déambulaient les notables avec leur canne à pommeau, les hommes de loi en chapeau haut de forme, les politiciens la main tendue pour saluer les électeurs, les journalistes de *La Presse* et de nombreux artistes. Si tu avais vécu il y a cent ans, tu aurais pu croiser le jeune Émile Nelligan en train de composer l'un de ses très beaux poèmes.

À cette époque, l'instruction n'était pas gratuite. Seuls les enfants des familles riches pouvaient se permettre de poursuivre leurs études après la quatrième année. Un très

Tu peux apercevoir de loin la tour du pavillon central de l'Université de Montréal érigée sur le mont Royal. C'est l'architecte Ernest Cormier qui a conçu cet édifice imposant.

Le Collège de Montréal, fondé en 1767, est le premier collège classique de Montréal. En 1870, le collège a déménagé rue Sherbrooke dans l'édifice que tu vois sur cette photo prise il y a plus de cent ans.

petit nombre de filles avaient la chance d'aller au couvent. Quant aux garçons qui étaient admis au Collège de Montréal ou au Collège Sainte-Marie, leur avenir était presque tout tracé d'avance. Le cours classique les préparait à devenir des prêtres, des avocats ou des médecins.

Aujourd'hui, des centaines de professions et de métiers différents sont enseignés dans les écoles montréalaises et tu peux vraiment choisir ce que tu veux faire plus tard selon tes aptitudes et tes intérêts. Il y a même des grandes écoles spécialisées où tu peux étudier le théâtre, la danse, la

En 1658, Marguerite Bourgeoys transforma une étable en salle de classe et fonda la première école de Montréal. Elle enseignait le catéchisme et la grammaire aux enfants français et amérindiens de la colonie.

musique, l'informatique, le dessin de mode ou l'hôtellerie.

Rue Saint-Denis, depuis que l'université du Québec a ouvert ses portes, de nombreux étudiants vont et viennent de nouveau avec leurs livres sous le bras, les intellectuels bouquinent encore dans les librairies et les artistes s'assoient toujours aux terrasses. Le latin n'est plus parlé depuis longtemps. Mais on continue quand même d'appeler la rue Saint-Denis le Quartier latin.

Les universités montréalaises sont de grandes universités où l'on peut presque tout étudier. En plus de l'Université du Québec à Montréal illustrée ici et de l'Université de Montréal qui sont de langue française, Montréal a deux universités anglophones: l'Université McGill et l'Université Concordia.

Station Berri-UQAM

Depuis le temps qu'il tire sa calèche dans les rues du Vieux-Montréal, Valentin n'est plus ce qu'on appelle un cheval fringant. Mais si par mégarde des touristes maladroits le traitent de vieille picouille, il ne peut s'empêcher de secouer sa crinière en poussant de furieux hennissements. Certains prétendent même qu'un jour il s'est mis à parler pour leur raconter ce qui suit.

«Je ne m'appelle pas Picouille, mais Valentin, comme mon père. Au siècle dernier, personne n'aurait osé traiter mes ancêtres de cette façon. Soir et matin, beau temps mauvais temps, nous transportions les Montréalais à leur travail. Les conducteurs nous attelaient par deux ou trois et allez, hue! L'été, nous galopions sur les pavés en tirant des voitures sur rails. L'hiver, nous faisions glisser de gros traîneaux sur la neige. Au printemps, il fallait du souffle pour empêcher les omnibus de s'embourber dans la terre détrempée. Qu'à cela ne tienne! Nous étions quatre cents chevaux vigoureux et fiers!

«Mais le 21 septembre 1892, une espèce de cheval de bois monté sur des roues de métal s'est avancé au milieu de la chaussée en crachant une pluie d'étincelles. "Une merveille de la science!", s'exclamaient les Montréalais qui s'arrêtaient pour le voir passer. Une longue perche fixée au toit du véhicule

TRAÎNEAU D'HIVER - 1861

glissait sur un câble suspendu au-dessus de la rue. C'était le Rocket: le premier tramway électrique. Comme il était arrogant! Nous avions beau piaffer et ruer pour lui barrer la route, nous n'étions pas de taille. Plus rapide et plus régulier, le Rocket permettait aux citadins d'habiter encore plus loin de leur travail.

«Eh oui! C'est le progrès. Deux ans plus tard, la compagnie de transport nous a

OMNIBUS DEMI-SAISON - 1861

mis au rancart. Puis les tramways ont été remplacés par les autobus. Plus besoin de rails, ni de câbles électriques! Les autobus peuvent circuler partout et véhiculer des milliers de travailleurs d'une extrémité à l'autre de la ville. Impossible de rivaliser avec eux. À Montréal, il paraît que les autobus de la Société de transport parcourent en moyenne quatre-vingt-deux millions de kilomètres par année; vingt fois le tour de la Terre! J'ai même entendu dire qu'il y avait un métro qui filait

TRAMWAY D'ÉTÉ - 1861

sous la ville. Les chevaux y sont interdits, mais je me suis renseigné. J'ai appris qu'une rame de métro pouvait transporter plus de mille deux cents voyageurs à la fois!

«Imaginez! Même après une bonne ration de foin, mes ancêtres ne tiraient que huit passagers! Alors nous avons dû nous résigner à promener les touristes. Pour me dégourdir les pattes, je fais parfois une course avec les voitures. Eh bien, croyez-le ou non, c'est presque toujours moi qui gagne. Les temps ont peut-être changé, mais avec les embouteillages, les automobiles n'avancent pas plus vite qu'un vieux cheval.»

AUTOBUS - 1919

MÉTRO - 1966

LE ROCKET : PREMIER TRAMWAY ÉLECTRIQUE - 1892

La station de métro Berri-UQAM est située à l'endroit où a été inauguré le premier système de transport public de Montréal, le 27 novembre 1861. Aujourd'hui, c'est la Société de transport de la communauté urbaine de Montréal (STCUM) qui s'occupe du transport en commun.

La *Main*

Les Montréalais surnomment le boulevard Saint-Laurent la *Main* (prononcer ménne). C'est un mot anglais qui veut dire rue principale. Cette longue artère, qui traverse toute l'île, divise la ville en une partie est et une partie ouest. Savais-tu qu'à Montréal deux maisons d'une même rue peuvent avoir le même numéro civique? L'une à l'est et l'autre à l'ouest du boulevard Saint-Laurent.

Le Vieux-Port, avec sa tour de l'Horloge, est le point de départ du boulevard Saint-Laurent. C'est là que des milliers d'étrangers sont arrivés à Montréal après un long voyage sur des bateaux surpeuplés. Ils venaient de l'Ancien Monde, c'est-à-dire de l'Europe, pour refaire leur vie en Amérique. Plusieurs ont quitté leur pays natal à cause de la famine ou de la misère, comme les Irlandais. Mais au début du 20e siècle, la majorité des familles ont fui leur pays dévasté par la guerre.

Les nouveaux arrivants débarquaient sur les quais avec seulement une petite valise. L'histoire raconte qu'ils marchaient alors tout droit vers le nord, en suivant le boulevard Saint-Laurent. Petit à petit, les immigrants qui parlaient la même langue se sont regroupés et se sont installés de chaque côté de la rue. Si tu fais une longue marche sur la *Main*, tu peux découvrir le pays d'origine d'un grand nombre de Montréalais.

Tout au bas du boulevard Saint-Laurent, tu aperçois une cabine téléphonique en forme de pagode et des enseignes avec d'étranges caractères. Tu as deviné? C'est le quartier d'une des plus vieilles civilisations du monde: le quartier chinois. On y croise des familles d'autres pays d'Asie, comme le Viêt-nam.

Monte la grande côte du boulevard entre les boutiques de Nintendo et d'électronique. Rue Prince-Arthur, des odeurs de viande fumée et de saucisses chatouillent le nez. Les commerçants de ce quartier sont originaires de l'Europe de l'Est.

Un peu plus haut, tu peux te reposer dans le parc du Portugal. Les Portugais sont parmi les premiers explorateurs du Canada, mais ils n'ont commencé à immigrer à Montréal qu'après la Seconde Guerre mondiale. Ils partagent le quartier Mile End avec les Grecs.

Tu as faim? Le boulevard Saint-Laurent te propose un menu qui fait voyager. Chiche-kebab ou souvlaki?
Tu as le choix parmi les restaurants grecs de Prince-Arthur.
À moins que tu ne préfères déguster un canard laqué dans un restaurant chinois, des sardines grillées à la portugaise chez Jano, un smoked meat selon la célèbre recette roumaine des frères Schwartz, ou tout simplement un des populaires hot-dogs de la *Main*.

Des immigrants viennent de débarquer dans le port de Montréal au tout début du siècle.

Encore plus loin au nord, tu entres dans la Petite-Italie où se trouve l'un des marchés les plus colorés de la ville: le marché Jean-Talon. Les Italiens forment la plus importante communauté ethnique de Montréal.

Aujourd'hui, les immigrants viennent de toutes les parties du monde. Ils arrivent en avion et s'installent un peu partout dans la ville. Mais c'est toujours sur la *Main* que des Montréalais de toutes les origines, de toutes les couleurs de peau et de toutes les langues se retrouvent pour faire leur marché.

Le mont Royal

Si Jacques Cartier revenait à Montréal aujourd'hui, crois-tu qu'il reconnaîtrait l'île qu'il a abordée il y a près de cinq siècles? Sans doute que non. Mais ne crois-tu pas qu'il se souviendrait de la montagne verdoyante qu'il a baptisée mont Royal? On peut parier que oui. D'ailleurs, en vrai aventurier, il ne pourrait sans doute pas résister à la tentation de l'escalader encore une fois.

Bien sûr, il ne s'écorcherait plus les genoux et les mains sur les racines et les pierres. Comme tous les Montréalais, il monterait les marches du grand escalier qui mène à l'observatoire. En s'appuyant au parapet, il aurait la surprise de sa vie. Au lieu de forêts à perte de vue, il apercevrait un paysage d'acier et de verre sillonné par des milliers d'automobiles. Il se demanderait ce qu'on a fait de tous les arbres et des animaux sauvages de l'île.

Comment lui expliquer que la ville a grandi au point d'envahir la nature? Pour le consoler, tu lui raconterais que les citoyens ont toujours refusé que les arbres du mont Royal soient abattus et que la montagne disparaisse sous le béton. Tu lui dirais aussi que le mont Royal a été le premier parc public de Montréal et que c'est Frederick Law Olmsted, le concepteur de Central Park à New York et le plus grand architecte-paysagiste d'Amérique, qui a aménagé ses sentiers ombragés et son lac des Castors en 1875.

Jacques Cartier prendrait sûrement le temps de se remettre de ses émotions avant de redescendre vers les bruits et la pollution du centre-ville. En se promenant dans les chemins du mont Royal, il serait à coup sûr très fier que sa montagne appartienne à tous les Montréalais.

En décembre 1642, une fonte subite fait monter les eaux du Saint-Laurent. L'inondation menace Ville-Marie. Maisonneuve fait alors le vœu de porter une croix sur le mont Royal si les eaux se retirent. Quelques jours après Noël, le fondateur de Montréal tient sa promesse et, accompagné de tous les colons, il gravit la montagne et plante une croix de bois afin de remercier Dieu d'avoir sauvé la colonie. C'est pour rappeler cet événement qu'une grande croix illuminée se dresse aujourd'hui sur le sommet du mont Royal.

Depuis la construction du premier observatoire en 1906, des Montréalais ne cessent de s'accouder au parapet pour admirer la ville du mont Royal. (Photo, 1915 - 1916)

Pars en excursion sur la montagne! Tu pourras identifier des dizaines d'espèces d'oiseaux, de nombreux petits mammifères et toutes sortes de plantes sauvages.

C'est à l'ancienne patinoire Victoria, au centre-ville de Montréal, qu'a été jouée en 1875 la toute première partie de hockey, tel qu'on le connaît aujourd'hui.

Le lac des Castors, sur lequel tu peux patiner l'hiver, n'est en réalité qu'un étang artificiel. Il tire cependant son nom d'un ancien lac naturel dans lequel on a trouvé des vestiges de barrages de castors datant de cinq ou six siècles.

Milton-Parc

As-tu déjà remarqué combien les vieilles maisons de Montréal sont discrètes? Si on passe trop vite dans la rue, on ne s'aperçoit même pas qu'elles sont là. Mais si tu t'approches d'elles et que tu les observes avec attention, tu peux avoir la chance de les entendre chuchoter entre elles.

Les vieilles maisons sont très bavardes. Elles adorent se raconter des histoires du temps passé. Certains jours, elles parlent du gros carrier qui a taillé la pierre grise, du verrier qui a assemblé au plomb les magnifiques vitraux des fenêtres ou de l'ébéniste qui a sculpté les jolis motifs du balcon. Parfois, ce sont des histoires mystérieuses de tourelles secrètes, de corniches extravagantes ou de lucarnes romantiques.

Mais certains Montréalais sont beaucoup trop occupés pour écouter les histoires des vieilles maisons. Il y a quelques années, plusieurs d'entre eux ont décidé de les démolir pour bâtir à leur place des tours d'habitation modernes et sans histoire. Pauvres vieilles maisons! Elles ne faisaient pas le poids. Impossible de se battre contre ces gratte-ciel dix fois plus hauts qu'elles. Des centaines ont alors été détruites avec tous leurs secrets. Plusieurs autres sont emprisonnées depuis entre des murailles de béton qui leur cachent le ciel et le soleil.

Par chance, les vieilles maisons avaient de nombreux amis qui se sont regroupés pour les défendre et les protéger. Afin de convaincre d'autres citoyens de se joindre à eux, ces gens se sont mis à raconter par toute la ville les belles histoires des vieilles maisons. Ils ont lancé l'idée qu'il valait beaucoup mieux les réparer que de les abattre.

Bien sûr, il était trop tard pour sauver toutes les vieilles demeures de Montréal, mais il en restait encore plusieurs dans le quartier Milton-Parc. Il fallait cependant faire vite. Chaque jour, elles disparaissaient les unes après les autres pour faire place à de gigantesques édifices tout en hauteur. Les gens du quartier ont alors décidé de former une coopérative pour conserver leurs logements. Ils se sont mis ensemble pour acheter les vieilles maisons, les réparer et les habiter. Grâce à eux, plusieurs résidences ont échappé au pic des démolisseurs.

Plusieurs des vieilles maisons du quartier Milton-Parc sont en pierre grise. Au 19e siècle, on trouvait de la pierre calcaire de couleur grise en abondance sur l'île de Montréal. Les constructeurs l'extrayaient des immenses carrières. Difficile à tailler, cette pierre était un matériau de construction coûteux. Les maisons plus modestes étaient recouvertes avec de la brique.

Aujourd'hui, tout le monde sait que les vieilles maisons ont une histoire. Beaucoup de Montréalais les aiment et, plutôt que de les démolir, ils les replâtrent, les rafistolent et les restaurent. Mais il faut rester attentif, car les vieilles maisons sont très susceptibles. Dès qu'on leur tourne le dos et qu'on cesse de s'occuper d'elles, elles demeurent silencieuses.

Si l'architecture t'intéresse, tu peux visiter le Centre canadien d'architecture qui se trouve dans une des plus belles vieilles maisons de Montréal, la maison Shaughnessy.

Place des Arts

T'ennuies-tu parfois? As-tu l'impression qu'il n'y a rien à faire? Eh bien, si cela t'arrive, pars vite en promenade et ouvre grand tes yeux. À toi de découvrir tout ce qui se passe à Montréal. Qui sait? Tu pourrais rencontrer un jongleur du Cirque du Soleil qui joue avec des quilles, un mime qui exécute son numéro à la porte d'un grand magasin ou un clown qui déride les passants avec ses pitreries. Au détour de chaque rue, un artiste montréalais montre son talent. As-tu déjà remarqué ces personnages de la sculpture de Mason, rue McGill, qui pointent du doigt les tours du centre-ville? On dirait que cette sculpture est en pâte à pain. Et que de spectacles à voir! Tu n'as qu'à jeter un coup d'œil sur les centaines d'affiches placardées sur les clôtures. Y en a-t-il un qui te tente? Tu pourrais choisir d'assister à un spectacle de

La murale de Frédéric Bach.

marionnettes à la Maison-Théâtre ou à un film sur écran géant dans le Vieux-Port. Si tu y vas en métro, arrête-toi pour contempler la murale lumineuse de Frédéric Bach qui raconte l'histoire de la musique à Montréal, station Place-des-Arts, ou les magnifiques vitraux de Marcelle Ferron, station Champ-de-Mars. Tu peux même écouter les musiciens qui égaient les couloirs de leurs mélodies.

Dans le Vieux-Montréal, il ne faut pas t'étonner si tu entends crier «Action!». C'est sans doute une équipe de cinéma en plein tournage. Rien ne t'empêche d'observer les comédiens en silence, à moins que tu ne préfères te laisser emporter par la foule au festival Juste pour rire ou au Festival de jazz. Les rues sont alors pleines de rires et le timbre de la trompette résonne tard dans la nuit. Si un gros BOUM! retentit, n'aie pas peur. C'est le festival des feux d'artifice qui commence. Les journées passent vite à Montréal quand il fait beau. Mais s'il pleut demain, la journée ne sera pas moins passionnante. Tu peux partir à la découverte des tableaux des grands musées ou des galeries d'art. Et pourquoi ne pas aller faire un tour à la maison de la Culture de ton quartier? On y fait du théâtre, du bricolage, de la peinture et de la musique. À toi de montrer tes talents!

Le festival des feux d'artifice bat son plein.

Montréal est la principale ville française en Amérique. Aussi, plusieurs créateurs québécois et étrangers ont choisi d'y vivre pour pratiquer leur art.

Tout à côté de la Place des Arts, tu peux visiter le musée d'Art contemporain. Prends le temps d'explorer les œuvres souvent étonnantes de l'art moderne.

La Place des Arts est le plus important centre de spectacles à Montréal. Dans l'immense salle Wilfrid-Pelletier, tu peux assister à un concert donné par l'Orchestre symphonique de Montréal, voir évoluer les danseurs des Grands Ballets canadiens ou applaudir les artistes québécois et étrangers. La salle Jean-Duceppe, réservée au théâtre, porte le nom d'un illustre comédien montréalais.

Square Victoria

T'arrive-t-il d'échanger avec tes amis des auto-collants contre des cartes de hockey ou un livre contre une cassette de musique? Cette manière de se procurer des biens s'appelle le troc. Comme toi, les premiers Montréalais ne se servaient pas d'argent. Pour se nourrir, le forgeron troquait les outils qu'il avait façonnés contre le blé du cultivateur. À son tour, le cultivateur troquait le lait de ses vaches contre les vêtements du tisserand. Pour obtenir des produits européens, les Amérindiens chassaient les animaux à fourrure et apportaient les peaux aux commerçants. En échange, ces derniers leur remettaient une hache pour un castor, une couverture pour deux castors et un fusil pour cinq castors. La peau de castor servait alors d'unité de base pour calculer le prix de toutes les marchandises.

Les soldats venus de France n'avaient cependant pas de produits à échanger pour obtenir ce dont ils avaient besoin. À l'époque de la colonie, l'argent et le papier étaient aussi rares l'un que l'autre. Par contre tous les habitants possédaient un jeu de cartes pour se distraire pendant les soirées d'hiver. Un intendant débrouil-lard du nom de Jacques Demeulles a alors eu l'idée de payer ses troupes avec de la monnaie de carte. Il imagina de couper en deux ou en quatre des cartes à jouer et d'inscrire sur chacun des morceaux leur valeur en argent.

Le castor sur la pièce de monnaie de 5¢ rappelle l'époque où les Montréalais pratiquaient le troc et payaient en fourrures.

C'est dans l'édifice tout noir et tout en hauteur de la Bourse de Montréal que se rencontrent les gens qui brassent de grosses affaires d'argent. Le square Victoria, où se dresse la tour de la Bourse, était autrefois le marché à foin. N'est-ce pas une drôle de coïncidence quand on sait qu'on appelle souvent l'argent du foin?

34

La signature de l'intendant et un cachet de cire empêchaient les fraudes. Demeulles venait de fabriquer le premier papier-monnaie émis sur le continent américain.

Au début du 19e siècle, des hommes d'affaires décident de mettre fin au troc en frappant leurs propres pièces de monnaie. Ils fondent la première banque au Canada: la Banque de Montréal. La prospérité de la ville ne tarde pas à attirer des banquiers et des financiers influents qui installent le siège social de leur entreprise rue Saint-Jacques. Chaque jour, on y brasse des millions et Montréal devient rapidement la métropole commerciale du Canada.

__Les Amérindiens utilisaient parfois une sorte de monnaie appelée wampum, qui consistait en des perles taillées dans des coquillages.__

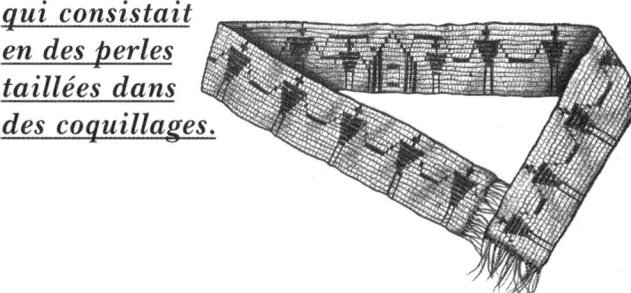

Aujourd'hui, Montréal a perdu son titre de métropole canadienne au profit de Toronto, qui est devenu le cœur financier du pays. Mais la splendeur des banques de la rue Saint-Jacques avec leurs façades ornées de sculptures flamboyantes, leurs portiques surmontés de statues, leurs colonnes de marbre poli et le cuivre luisant des guichets des caissiers te donne une idée de la richesse de Montréal au siècle dernier.

L'intérieur de la Banque de Montréal en 1905.

Rue Saint-Jacques, l'imposant édifice de la Banque de Montréal ne manque pas de se faire remarquer. (Photo, 1857 - 1860)

Le Mille carré doré

Transporte-toi au cœur de Montréal en 1912, par un bel après-midi de printemps. Devant toi se dresse le tout nouvel hôtel Ritz Carlton. Entre! Ne te laisse pas impressionner par la lourde porte, les lambris de bois qui sentent le vernis frais et les murs couverts de riches tapisseries. Installe-toi confortablement dans un des fauteuils capitonnés et amuse-toi à observer tout ce qui se passe autour de toi.

Des hommes d'affaires emplissent le hall. Ils viennent de sortir de table et s'attardent. Certains sirotent une dernière tasse de thé ou fument le cigare. D'autres lisent la dernière édition du *Montreal Daily Star.* Au Ritz, ils se sentent chez eux. Ce sont les hommes les plus riches du Canada. Tous des millionnaires! On dit qu'ils contrôlent à eux seuls les deux tiers de la richesse du pays. Il y a là les fondateurs des banques de la rue Saint-Jacques, les constructeurs du chemin de fer du Canadien Pacifique, les propriétaires des bateaux qui accostent dans le port, les grands patrons des usines de textile, des raffineries de sucre, des mines, des meuneries et des fonderies de fer et d'acier. Ça discute ferme. Le plus souvent en anglais, parfois même avec un accent écossais. Ne sois pas étonné. Tous ces hommes qui font fortune à Montréal au début du siècle sont originaires d'Angleterre et d'Écosse.

Sans vraiment interrompre leur activité, ils jettent parfois un coup d'œil par la vitrine de l'hôtel. Entre les rangées d'arbres de la rue Sherbrooke, ils entrevoient leurs femmes qui reviennent d'une visite de charité. Les calèches paradent en soulevant la poussière. Sur les trottoirs de bois, les nurses à tabliers empesés tiennent les enfants par la main. Les garçons portent le costume matelot. Les filles ont des empilages de jupons. Les ladies rivalisent d'élégance dans leurs longues robes de soie ou de taffetas brodées. Parfois, l'une d'elles distingue son

Le Mille carré doré n'est plus un quartier résidentiel. Aux alentours de la rue Sherbrooke, tu peux cependant apercevoir quelques-unes des grandes demeures bourgeoises qui sont aujourd'hui occupées par l'université McGill.

Au musée McCord d'histoire canadienne, tu peux découvrir la collection de David Ross McCord, un riche avocat qui demeurait dans le Mille carré doré. Passionné d'histoire, Monsieur McCord a amassé des milliers d'objets qui montrent comment les Canadiens ont vécu depuis le 18e siècle.

mari et esquisse un sourire vers le Ritz. C'est le signal du départ. Après maintes poignées de mains, les magnats de la finance et du commerce se séparent pour rejoindre leur épouse dans leur somptueuse résidence où s'affairent déjà les cuisiniers et les domestiques.

Suis-les jusqu'aux hautes grilles de leurs immenses domaines érigés sur les flancs du mont Royal avec leur écurie attenante, leur vaste jardin anglais et leur maison cossue de plus de cinquante pièces. À l'époque où se situe notre histoire, le quartier où résident ces familles opulentes s'étend sur environ mille cinq cent mètres carrés ou un mille carré. D'où son surnom de «Mille carré doré».

Pour mieux imaginer ce qu'était la vie des premiers millionnaires de Montréal, fais un tour au musée des Beaux-Arts. Plusieurs des collections de tableaux aux cadres couverts de dorure ornaient les murs des maisons du Mille carré doré. Fondé en 1860 et photographié ici en 1913, le musée des Beaux-Arts est le plus ancien musée du Canada.

La rue Sainte-Catherine

Chaque année, à la veille de Noël, Montréal se pare de milliers de lumières de couleurs, de guirlandes dorées et de gros rubans rouges. Le magasinage des fêtes bat alors son plein et, de toutes les artères de la ville, c'est la longue rue Sainte-Catherine qui se fait la plus belle.

Dès les premiers jours de décembre, les marchands de la rue Sainte-Catherine rivalisent d'imagination pour attirer et séduire les clients. Derrière les grandes baies miroitantes, ils étalent des marchandises du monde entier. Foulards de soie, mitaines de laine, colliers de perles, horloges et montres, flacons de parfum, robes de velours, souliers de satin, patins à glace et à roulettes, poupées, oursons, jeux électroniques... que de produits offerts!

Un homme-sandwich, rue Sainte-Catherine, en 1900. À cette époque, le commerce se faisait presque toujours en anglais.

Plus Noël approche, plus la foule se presse des deux côtés de la rue. On marche vite, on se bouscule un peu, on sort souvent son porte-monnaie. Certains pénètrent dans les petites boutiques. D'autres s'engouffrent à la queue leu leu dans les magasins à rayons et en ressortent les bras chargés de sacs et de paquets.

Les grands centres commerciaux, qui abritent des centaines de boutiques, font une vive concurrence aux petits commerçants de la rue Sainte-Catherine.

Les portes tournantes n'ont jamais autant tournoyé. L'officier de l'Armée du Salut en est tout étourdi, mais il ne cesse d'agiter sa clochette pour nous faire penser à ceux qui ne peuvent s'offrir de cadeaux à Noël.

Il y a bien certains jours, quand le vent souffle en rafales et que le froid est cinglant, où la rue Sainte-Catherine paraît un peu seulette avec ses décorations. Mais il ne faut pas croire que les Montréalais ne magasinent pas. Au contraire. Ils poursuivent tout simplement leurs achats bien au chaud dans les boutiques de mode des galeries marchandes. Et puis, comment éviter de faire un tour au complexe Desjardins? Tout le monde sait que c'est là que se trouve le seul vrai père Noël.

Même après la fermeture des magasins, la rue Sainte-Catherine ne dérougit pas. Les flâneurs s'arrêtent pour admirer les ours et les singes automates de la célèbre vitrine de Noël du magasin Ogilvy,

tandis que les amateurs de hockey se hâtent en direction du Forum pour voir évoluer les fameux Canadiens de Montréal. Les enseignes lumineuses des cinémas, des arcades et des restaurants clignotent toute la nuit pour aguicher les couche-tard.

C'est seulement le 25 décembre, lorsque tout le monde célèbre chez soi, que la rue Sainte-Catherine retrouve un peu son calme. Mais pas pour longtemps! Le lendemain de Noël, il y a tant de choses à échanger. Dès l'ouverture, la foule se précipite à nouveau dans les magasins de la rue Sainte-Catherine. Fais vite! C'est le moment ou jamais de profiter des soldes du temps des fêtes!

La Baie est un des premiers grands magasins à s'établir rue Sainte-Catherine. À l'époque où la photo a été prise (1915 - 1916), La Baie s'appelait Morgan car c'est un marchand du nom de Henry Morgan qui a ouvert ses portes il y a plus de cent ans. D'ailleurs, tu peux reconnaître le M de son nom dans le logo de La Baie. Aujourd'hui, le grand magasin La Baie appartient à la Compagnie de la Baie d'Hudson qui a contrôlé pendant très longtemps la principale activité commerciale au Canada: la traite des fourrures.

Le centre-ville

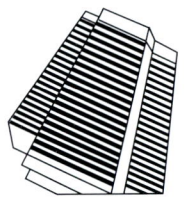

Laveur de vitres au centre-ville, c'est tout un métier! Un métier exigeant. Tout d'abord, il ne faut pas avoir le vertige. Pour se balancer sur une passerelle au 43e étage de la place Ville-Marie, ça prend du nerf. De là-haut, les voitures ont l'air de jouets et les piétons ne mesurent que quelques centimètres. Impossible de faire ton travail si tu as la tête qui tourne dès que tu regardes en bas.

À cette hauteur, suspendu entre ciel et terre, tu peux observer les milliers de Montréalais qui, cinq jours par semaine, du lundi au vendredi, s'agitent au centre-ville pour gagner leur vie. Tu peux tout voir sans être vu. Sur les trottoirs, tout le monde est pressé, beaucoup trop pressé pour lever les yeux en l'air. Les gens se frôlent sans se regarder, brandissent leur téléphone cellulaire, s'élancent dans la rue sans attendre le feu vert, sifflent un taxi, esquivent de justesse un messager à vélo qui passe en trombe, filent d'un rendez-vous d'affaires à un autre avec leur attaché-case au bout du bras. Les hommes resserrent leur cravate. Les femmes fouillent dans leur sac à main. Parfois, deux personnes se reconnaissent et s'arrêtent pour se serrer la main, mais pas longtemps. Elles repartent aussitôt. Travailler au centre-ville, c'est stressant.

Jusqu'au milieu de 19e siècle, on ne construisait jamais d'édifices de plus de cinq étages. Pourquoi? Parce qu'on devait monter par les escaliers. L'invention de l'ascenseur par l'Américain Elisha Otis a permis de construire des édifices de plus en plus hauts. Aujourd'hui, dans les grandes villes d'Amérique, les ascenseurs transportent chaque jour plus de personnes que tout autre véhicule.

Mais si tu es laveur de vitres, tu peux rester au-dessus de tout ça et faire ta petite besogne. Enfin, si tu n'es pas trop curieux. Car comment résister entre deux coups de chiffon à jeter un coup d'œil par les vitres? Remarque bien que d'un bureau à l'autre, ça se ressemble: les dossiers s'empilent, les ordinateurs bourdonnent, les télécopieurs transmettent des documents, les calculatrices calculent, les déchiqueteuses à papier déchiquettent et les poubelles débordent. Tous font leur travail. Les secrétaires ouvrent le courrier, les comptables alignent des chiffres, les réceptionnistes répondent au téléphone, les avocats conseillent leurs clients, les publicitaires griffonnent des slogans, les architectes dessinent les futures tours à bureaux. Souvent, des femmes et des hommes restent assis autour d'une grande table pendant des heures. Ils sont en réunion. De quoi discutent-ils? Impossible de le savoir car les fenêtres des tours à bureaux sont bien scellées.

Le meilleur moment de la journée, c'est celui où tu redescends pour admirer ton

Place d'Armes, tu peux voir le tout premier gratte-ciel de Montréal. C'est le joli édifice en grès rouge de la New York Life Insurance. Il mesure quarante-six mètres de haut et a huit étages. Le plus haut gratte-ciel du centre-ville est le 1000, de La Gauchetière. Il atteint deux cent cinq mètres et compte cinquante étages.

travail. Une fois bien astiquées, toutes les vitres teintées rose, vert ou bleu scintillent au soleil et deviennent comme des miroirs dans lesquels se reflètent les autres gratte-ciel du centre-ville. Il y a de quoi être fier. Mais oups! Attention! En reculant, voilà que tu as trébuché sur ton seau d'eau. Que veux-tu, dans la vie d'un laveur de vitres, il y a des hauts et des bas.

Lorsque la place Ville-Marie a été inaugurée en 1962, les Montréalais étaient très fiers d'avoir enfin un vrai gratte-ciel moderne tout en verre et en aluminium. Dès que la nuit tombe, le phare rotatif installé au sommet de l'édifice balaie le ciel au-dessus du centre-ville. On peut apercevoir sa lumière à plus de quatre-vingt-cinq kilomètres.

La ville souterraine

Les auteurs de science-fiction situent souvent leurs aventures dans des villes fantastiques issues de leur imaginaire ou inspirées des théories des futurologues. Certains font vivre leur héros dans de gigantesques mégalopoles dévoreuses d'énergie avec des gratte-ciel de plusieurs kilomètres de haut reliés par des autoroutes suspendues ou dans des cités ultra-écologiques aménagées au cœur d'îles artificielles luxuriantes dérivant sur la mer. D'autres inventent des mondes lointains et étranges dans des villes insolites construites à l'intérieur de sphères ou de cylindres creux envoyés dans les espaces interstellaires.

Que dirais-tu d'écrire une histoire qui se passerait dans une ville à l'abri du vent, du soleil, de la pluie ou de la neige? Une ville protégée des intempéries dans laquelle tes personnages pourraient vivre sans sortir à l'extérieur? Tu inventerais sans doute une ville sous la terre avec des kilomètres de corridors où un climat agréable régnerait en tout temps grâce à des systèmes de contrôle de la température et de l'éclairage très perfectionnés. Dans ces couloirs, où les citoyens ne se sentiraient jamais à l'étroit, tu aurais sûrement la bonne idée de placer des milliers de boutiques de vêtements, des banques, des pharmacies, des épiceries et des restaurants. En fait, tous les services d'une grande ville moderne.

Rien ne t'empêcherait de recréer sous terre une véritable ville à plusieurs niveaux reliés par des escaliers mécaniques donnant accès à de vastes places publiques où l'on découvrirait tout à coup un pan de ciel bleu par d'immenses verrières. Si tu as l'imagination fertile, tu y mettrais des arbres qui ne perdent pas leurs feuilles en hiver, des fleurs tropicales qui peuvent profiter de la lumière bien après que le soleil est couché, des cascades d'eau propulsées par des pompes silencieuses et même un rond de glace pour patiner en plein cœur de l'été. Afin que tes héros puissent vivre une foule d'aventures sans mettre le nez dehors, tu relierais par de longs tunnels piétonniers les tours à bureaux, les grands hôtels, la gare de chemin de fer et les terminus d'autobus, les musées, les salles d'exposition, de cinéma et de spectacle. Mieux encore, si tes personnages sont pressés, tu t'arrangerais pour qu'ils puissent en tout temps sauter dans un métro pour aller d'un lieu à un autre.

La ville souterraine, dont les couloirs ne cessent de se ramifier dans toutes les directions, relie aujourd'hui tous les grands édifices et complexes du centre-ville.

Cette ville n'est pas de la science-fiction. Bien sûr, tu l'as reconnue. C'est la ville souterraine de Montréal, la ville intérieure la plus développée au monde. Elle a d'ailleurs valu à Montréal le titre de Première Ville du 21e siècle. C'est une belle réalisation, mais ne crois-tu pas que c'est dommage de vivre sous terre tandis que les voitures roulent à l'air libre?

C'est sous la place Ville-Marie que la ville souterraine a pris naissance en 1962.

Saint-Henri-des-Tanneries

Au début du 19e siècle, Saint-Henri est un petit village séparé de Montréal par la campagne. Presque tous ses habitants travaillent le cuir. La vie y est paisible et bien organisée. Les tanneurs traitent les peaux pour en faire du cuir, que les cordonniers transforment en chaussures, bottes ou attelages de chevaux. À cette époque, il n'y a ni train, ni automobile. Seule la diligence qui circule sur la route boueuse entre Montréal et Lachine fait halte au village des Tanneries. C'est alors l'occasion de conclure des affaires et ce n'est pas sans fierté que les artisans vendent les souliers qu'ils ont confectionnés de leurs mains dans leur modeste atelier.

Mais le 9 novembre 1847, le sifflet d'une locomotive à vapeur déchire les oreilles des villageois. Le premier chemin de fer de l'île de Montréal fait un arrêt à la toute nouvelle gare de Saint-Henri. Le train apporte avec lui les plus récentes inventions de la révolution industrielle, comme la machine à coudre qui permet de fabriquer plus de chaussures, beaucoup plus vite. Pour accélérer le travail, les anciens artisans se regroupent dans des manufactures où chacun ne fait plus qu'un bout de soulier: la semelle, l'empeigne ou simplement les coutures. Le train amène aussi les industriels qui installent leurs usines près de la voie ferrée.

Au siècle dernier, plusieurs enfants devaient gagner leur vie pour aider leur famille. Dès l'âge de neuf ou dix ans, ils étaient engagés dans les filatures de coton, les usines de tabac ou les manufactures de clous. Ils actionnaient souvent des machines dangereuses et travaillaient dans le bruit et la saleté du matin au soir.

Filatures, fonderies, ateliers de matériel de chemin de fer, entrepôts de produits alimentaires; de gros bâtiments poussent dans les champs et transforment le village de Saint-Henri en une ville industrielle.

Au tournant du 20e siècle, le train transcontinental qui traverse le Canada dévale entre les cours du plus grand centre industriel du pays. Sillonné de rails d'acier, Saint-Henri est désormais un quartier où la vie n'est pas facile. Les cheminées des usines crachent des tourbillons de fumée qui noircissent le ciel. Des odeurs d'huile se répandent jusque dans les chambres des

__Au cœur de la place Saint-Henri, tu peux voir la statue de Louis Cyr, l'homme le plus fort du monde de tous les temps.__

maisons de bois. La sonnerie des passages à niveaux retentit sans trêve. Et tôt le matin, la sirène appelle les ouvriers à l'usine. Les chaînes d'assemblage accélèrent la production à une cadence incroyable. Le travail est dur, les salaires bas et les journées longues. Dix heures par jour, six jours par semaine, la machine impose son rythme.

Aujourd'hui, Saint-Henri a retrouvé son calme. Mais à quel prix! Avec la construction des autoroutes, les camions ont remplacé le train pour transporter les marchandises. Les usines ont déménagé en banlieue dans des parcs industriels modernes. Et les machines sont devenues tellement sophistiquées qu'un seul technicien peut faire le travail de dix ou vingt employés. Résultat: il n'y a plus assez de travail pour tout le monde et les ouvriers se retrouvent au chômage. Plusieurs n'arrivent pas à joindre les deux bouts et même s'ils préféreraient parfois s'acheter des souliers neufs, ils doivent souvent se contenter de faire réparer leur vieille paire. Par chance, il y a toujours un cordonnier à Saint-Henri.

En 1859, Saint-Henri-des-Tanneries est encore un village où il fait bon vivre.

Le Grand Montréal

Des milliers de voitures entrent et sortent chaque jour de Montréal. D'où viennent-elles? Où vont-elles? Tu aimerais le savoir? Eh bien, monte vite dans ce Cessna qui roule sur la piste de l'aéroport de Dorval. Prends place aux côtés de l'un des rares chroniqueurs de la circulation à faire encore ses reportages du haut des airs. Attache bien ta ceinture. La tour de contrôle vient de donner l'autorisation de décoller. Le pilote accélère, l'air frappe les ailes de l'avion et le soulève. Que c'est impressionnant! De là-haut, tu vois très bien que Montréal est une grande ville, la plus importante de la province de Québec.

C'est la fin de la journée. Les bureaux, les magasins et les usines viennent de fermer. Pare-chocs à pare-chocs, les voitures quittent le centre de la ville et circulent dans tous les sens vers la périphérie de l'île. Boulevard Métropolitain, un accrochage a causé un embouteillage monstre. Ton compagnon de vol transmet un bulletin de circulation par radio et exhorte les automobilistes à la patience. Il t'explique ensuite que toutes ces voitures roulent vers Anjou, Montréal-Est, Saint-Laurent, Mont-Royal, Outremont, Verdun, Lachine, Pointe-Claire, Sainte-Anne-de-Bellevue et vers plusieurs autres petites municipalités. Comme tu peux le constater, la ville de Montréal est loin d'être toute seule sur son île. Vingt-huit autres villes forment avec elle la communauté urbaine de Montréal; un organisme qui regroupe toutes les municipalités de l'île de Montréal, l'île Bizard et l'île Dorval.

Au planétarium Dow, la voûte céleste est projetée sur un dôme géant. Tu peux y explorer l'univers en gardant les pieds sur terre.

Mais les voitures ne se contentent pas d'aller et venir dans l'île. Elles s'échappent par les ponts dans toutes les directions. Vers le nord, tu aperçois une autre grande île. C'est l'île Jésus où est construite la ville de Laval.

L'aviateur français Jacques de Lesseps a été le premier à survoler Montréal à bord de son monoplan, Le Scarabée, le 2 juillet 1910.

Les sommets des Laurentides se profilent dans le lointain. L'autoroute qui y mène est très congestionnée. Le chroniqueur décrit la situation à ses auditeurs, puis l'avion effectue un grand virage vers la rive sud. Tu survoles maintenant Saint-Lambert, Brossard, Saint-Hubert et Longueuil. Là pareillement, la circulation est dense. Aussi loin que tu peux voir, il y a des maisons avec un garage, un jardin et parfois même une piscine. Comme toutes les métropoles d'Amérique du Nord, Montréal est entourée par la banlieue. Trois millions

Au Cosmodôme de Laval, tu peux te familiariser avec les divers outils développés par l'homme pour comprendre l'univers et pour en explorer les dimensions infinies.

d'habitants, la moitié de la population du Québec, vivent dans l'agglomération qu'on appelle le Grand Montréal.

Le soir tombe. Vus du ciel, les phares des voitures tracent des filets de couleur en mouvement. Au centre-ville, des enseignes au néon s'allument un peu partout. Dans les rues, les voitures se déplacent plus librement. Un dernier bulletin de circulation et il est temps de rentrer. Mais avant d'atterrir, jette un coup d'œil dans l'espace. Avec un peu de chance, tu pourras repérer le signal lumineux d'un satellite de télécommunications qui relie Montréal au reste de la planète.

Plusieurs industries du Grand Montréal fabriquent des avions, des hélicoptères, des simulateurs de vol et même des satellites. C'est en banlieue de Montréal qu'a été fabriqué en grande partie le bras télémanipulateur qu'on retrouve sur la navette spatiale de la NASA.

Montréal a deux aéroports internationaux. Les avions à destination des villes du Canada ou des États-Unis décollent et atterrissent à l'aéroport de Dorval, tandis que les énormes Boeing et les avions-cargos de tous les coins du monde partent et arrivent au super-aéroport de Mirabel.

Quelques mots pour en savoir plus

HOCHELAGA

Une **bourgade*** est un village. Les Iroquoiens avaient appelé leur village **Hochelaga**; ce qui voudrait dire barrage de castors. Ce village était entouré d'une palissade et comprenait une cinquantaine de maisons rectangulaires faites de pieux recouverts d'écorce. Plusieurs familles vivaient à Hochelaga. Pour se nourrir, les Amérindiens cultivaient le maïs, pêchaient l'anguille et chassaient le chevreuil.

Sais-tu pourquoi on appelle **Amérindiens** les premiers habitants de l'Amérique? Lorsque Christophe Colomb a débarqué en Amérique, en 1492, il croyait être arrivé aux Indes. C'est pourquoi les Européens ont appelé Indiens les habitants qu'ils ont rencontrés. On a plus tard créé le nom Amérindien, formé des mots Amérique et Indien, pour distinguer les autochtones d'Amérique du Nord des habitants de l'Inde.

LA NOUVELLE-FRANCE

Au 17e siècle, on désignait les possessions du roi de France en Amérique du Nord par le terme **Nouvelle-France**. Maisonneuve et ses compagnons voulaient en effet recréer au Canada une société française à l'image de leur pays d'origine. Un établissement ainsi fondé par un pays plus puissant dans un pays étranger est une **colonie**. Montréal est demeuré une colonie sous la souveraineté de la France pendant plus de cent ans.

À cette époque, on appelait **Canadiens** les Français qui décidaient de vivre en Nouvelle-France pour les distinguer de ceux qui n'étaient que de passage. **Canada** est le nom que les Amérindiens avaient donné à leur pays. En iroquois, Canada voudrait dire amas de cabanes ou village.

À la suite de la **capitulation** de Montréal, les Français ont signé le traité de Paris en 1763 et cédé la Nouvelle-France à l'Angleterre. La France a alors perdu toutes ses possessions en Amérique du Nord à l'exception des îles Saint-Pierre-et-Miquelon.

LA VILLE FORTIFIÉE

Les **fortifications** qui ont entouré Montréal de 1717 à 1817 formaient une **enceinte**, c'est-à-dire un espace emmuré et protégé, qui s'étendait de la rue Berri jusqu'à la rue McGill d'est en ouest, puis de la rue Saint-Jacques jusqu'au fleuve Saint-Laurent du nord au sud. Les remparts de pierres, composés de treize parties en saillie, ou **bastions**, reliées par une muraille haute d'environ 5,5 mètres et large de plus d'un mètre, étaient bordés de talus inclinés et d'un fossé profond rempli d'eau. Onze portes permettaient de contrôler les allées et venues des habitants et des visiteurs.

L'HÔTEL DE VILLE

On désigne par **hôtel de ville** aussi bien l'édifice où siègent le maire et les conseillers municipaux que l'autorité municipale elle-même. C'est en juin 1833 que les Montréalais ont élu pour la première fois leurs dirigeants. Jacques Viger est alors devenu le premier **maire** de Montréal.

---

* Tu peux retrouver les mots en caractères bleus dans les différents chapitres du livre.

LE PORT DE MONTRÉAL

Jusqu'au 19ᵉ siècle, tous les navires devaient s'arrêter au port de Montréal. Ils ne pouvaient remonter le Saint-Laurent plus loin vers l'ouest. Les **rapides** de Lachine, où l'eau du fleuve forme des tourbillons dangereux en tombant d'une hauteur de treize mètres, leur barraient le passage. C'est donc pour contourner les rapides qu'on a construit, en 1825, le **canal de Lachine**. Mais on a eu beau l'élargir sans cesse, le canal de Lachine ne permettait plus, au 20ᵉ siècle, le passage des gros océaniques. On a alors créé la **voie maritime du Saint-Laurent** afin que les navires de fort tonnage puissent naviguer de l'Atlantique jusqu'aux Grands Lacs. Aujourd'hui, cette voie d'eau unique au monde comprend dix-sept **écluses** qui élèvent les navires pour leur faire franchir la dénivellation entre Montréal, bâti à six mètres au-dessus du niveau de la mer, et le lac Supérieur situé à une altitude de 183 mètres.

Jadis, le port de Montréal restait fermé tout l'hiver, car les glaces empêchaient les bateaux de naviguer sur le fleuve. Mais depuis 1962, des navires à la proue renforcée, les **brise-glace**, ouvrent un passage à la navigation. Le premier capitaine qui entre dans le port de Montréal au début de chaque année reçoit la canne à pommeau d'or.

Si tu te promènes souvent dans le port et que tu as le pied marin, tu connais sans doute la signification des mots et expressions suivants:

Larguez les amarres! Détachez les cordages qui retiennent le navire au quai.

À bâbord. À bâbord signifie à gauche quand on est dans le navire et qu'on regarde vers l'avant ou la proue. À droite, c'est à tribord.

Mille sabords! Dans un vaisseau de guerre, le sabord est l'ouverture par laquelle sort la bouche d'un canon. Mais «mille sabords!» est le juron des marins popularisé par le capitaine Haddock.

Débardeur. Travailleur qui charge et décharge les navires dans le port.

Moussaillon. On appelle mousse un apprenti marin. Un moussaillon est un petit mousse.

L'URBANISATION

On appelle urbanisation le regroupement des populations dans les villes. Aujourd'hui, quatre Québécois sur cinq sont **citadins**, c'est-à-dire qu'ils habitent dans une agglomération urbaine. Mais au début du 19ᵉ siècle, la majorité des Québécois vivaient à la campagne. Le tableau suivant te permet de voir à quel rythme la population de Montréal a grossi.

1642 : Une poignée de colons

1742 : Près de 3 000 habitants

1792 : Environ 13 000

1842 : Autour de 50 000

1892 : Plus de 200 000

1942 : La population atteint le million

1992 : Montréal : Un peu plus de 1 015 000

Grand Montréal : Un peu plus de 3 millions

L'IMMIGRATION

Au début du 16e siècle, Amerigo Vespucci, qui a donné son nom à l'Amérique, démontra que, sans l'ombre d'un doute, Christophe Colomb n'avait pas abordé aux Indes, mais bien dans un monde inconnu des Européens, c'est-à-dire un Nouveau Monde. Ce nom est resté pour désigner le continent américain par rapport aux vieux continents, l'Europe, l'Afrique et l'Asie, considérés comme l'**Ancien Monde**. Presque tous les Montréalais, à l'exception des Amérindiens, sont des descendants d'immigrants venus de l'Ancien Monde.

On s'entend cependant aujourd'hui pour appeler **immigrants** les étrangers établis à Montréal au cours des dernières décennies. Ainsi, un Montréalais sur cinq est un immigrant ou le descendant d'un immigrant arrivé à Montréal depuis la fin de la Seconde Guerre mondiale.

LE COMMERCE

Du 16e au 19e siècle, la **traite des fourrures** est demeurée la principale activité commerciale de Montréal. Chaque été, une grande foire se tenait au bord du fleuve, rue de la Commune. Les Amérindiens échangeaient alors avec les Blancs leurs peaux de castor contre des marchandises. C'est le commerce de la fourrure qui a permis aux premiers commerçants de Montréal de s'enrichir. Ces derniers achetaient en Europe les marchandises nécessaires à la traite et y revendaient les fourrures qui servaient surtout à confectionner les chapeaux de castor alors très en vogue.

C'est pour faciliter le commerce des fourrures que les fondateurs de la Banque de Montréal décidèrent de fabriquer ou de frapper leur monnaie. On dit **frapper la monnaie**, car pour confectionner une pièce de monnaie on fait une empreinte sur le métal en le frappant avec un morceau d'acier gravé en creux. À la Banque de Montréal, rue Saint-Jacques, tu peux visiter un musée où sont exposées les premières pièces de monnaie frappées à Montréal.

LE GRAND MONTRÉAL

Métropole veut dire ville principale. Une métropole peut être la ville principale d'un pays, d'une province ou d'une région. Ainsi, Montréal est la métropole du Québec, alors que Toronto est la métropole du Canada. On appelle aussi métropole une ville importante autour de laquelle gravitent de plus petites villes qu'on dit satellites. Lorsqu'une métropole et ses villes satellites forment une super agglomération urbaine qui s'étend démesurément, on parle de **mégalopole**. Quand on pense à Tokyo ou Mexico dont les zones métropolitaines comptent environ vingt millions d'habitants, on ne peut pas dire que Montréal soit une mégalopole.

Les **futurologues** sont des chercheurs qui tentent de prévoir l'avenir. Comment Montréal évoluera-t-il? Les Montréalais du 21e siècle préféreront-ils vivre au centre-ville ou en banlieue? Seront-ils plus riches ou plus pauvres? Préféreront-ils garder les anciens édifices ou construire de nouveaux gratte-ciel? Comment gagneront-ils leur vie? Quels moyens de transport choisiront-ils? Quels seront leurs loisirs? Quels seront les nouveaux commerces et les nouvelles industries? À toi maintenant d'imaginer l'avenir de Montréal.

Index

Sommaire

L'auteure, Marie-Josée Cardinal

Née à Montréal de parents et de grands-parents montréalais, Marie-Josée Cardinal passe ses journées à écrire dans sa vieille maison du centre-ville. Entre deux émissions pour la jeunesse, elle signe des nouvelles qui sont parfois primées dans les concours. Voyant Montréal se transformer rapidement autour d'elle, elle n'a pu résister à la suggestion d'écrire un livre sur sa ville. Avec **Montréal d'est en ouest**, elle espère faire découvrir et aimer Montréal aux jeunes (et aux moins jeunes).

L'illustratrice, Doris Barrette

C'est avec une perspective résolument fraîche et personnelle que Doris Barrette aborde ses sujets. Ses couleurs sont lumineuses et chaudes, et on trouve souvent chez elle une touche humoristique qui dynamise ses illustrations. Pour illustrer ce livre, l'artiste a parcouru Montréal en tous sens. Derrière l'architecture, ce sont toujours les gens qui l'intéressent. Pas étonnant que l'œuvre de Doris Barrette rayonne, tant sur le plan national qu'international.